LE CENTENAIRE DE 1789

LIBERTÉ, ÉGALITÉ, FRATERNITÉ

DISCOURS

PRONONCÉ

Par M. le Pasteur BABUT

Le 5 Mai 1889

NIMES

IMPRIMERIE ROGER ET LAPORTE

5, Place Questel 5.

—

1889

DISCOURS

PRONONCÉ PAR M. LE PASTEUR BABUT

LE CENTENAIRE DE 1789

LIBERTÉ, ÉGALITÉ, FRATERNITÉ

DISCOURS

PRONONCÉ

Par M. le Pasteur BABUT

Le 5 Mai 1889

NIMES

IMPRIMERIE ROGER ET LAPORTE
5, Place Questel 5,

—

1889

A l'occasion du centenaire de l'ouverture
des Etats généraux en 1789, le Conseil presbytéral de l'Eglise Réformée de Nimes, a
spontanément décidé d'adresser aux fidèles
la communication suivante (1), qui a été lue
en chaire à tous les services religieux du
dimanche 5 mai, et écoutée avec une religieuse attention et une sympathie visible.

» A pareil jour, il y a un siècle, le 5 mai 1789,
un évènement s'accomplissait, d'une portée
immense, et qui fut le point de départ d'une ère
nouvelle pour notre patrie. Les Etats généraux,
composés des députés des trois ordres qui consti-
tuaient alors le corps de la nation : Clergé,
Noblesse, Tiers-État, tinrent leur première séance
à Versailles. Après quelques jours d'hésitations,
de luttes intérieures et de périls, prenant le nom
d'*Assemblée nationale,* ils abolirent solennellement
les privilèges et les abus, donnèrent à la France

(1) L'auteur est M. le pasteur Dardier,

la liberté et l'égalité devant la loi, et jetèrent ainsi les fondations de la société moderne.

» Vous n'êtes pas sans savoir que cette date à jamais glorieuse se a fêtée aujourd'hui dans toutes nos villes et nos communes, jusque dans nos colonies les plus lointaines, et même sur tous les points du globe où battent des cœurs français. Et comme cette fête n'appartient exclusivement à aucun parti, tous les citoyens peuvent s'y associer, pour peu qu'ils se souviennent des bienfaits qui, depuis lors, sont devenus leur commun héritage.

» Notre Eglise réformée ne veut pas rester étrangère à cet élan patriotique et national qui porte à cette heure nos concitoyens à commémorer le centenaire de cette première réunion des Etats généraux ; elle le fait spontanément et avec un sentiment de sincère gratitude envers Dieu.

» Comme protestants, en effet, nous devons à ces grandes assises de la nation qui prenait enfin conscience d'elle-même, ce que jamais, depuis l'origine de la Réforme, nos pères n'avaient obtenu d'aucun pouvoir : la pleine liberté de conscience et de culte.

» Deux années auparavant, il est vrai, au mois de novembre 1787, on leur avait accordé l'état-civil, c'est-à-dire le droit de naître, de vivre et de mourir en paix ; mais c'était une simple *tolérance*, et encore ne pouvaient-ils célébrer leur culte dans l'intérieur des villes ; ils devaient aller au Désert, comme dans les plus mauvais jours.

» Plus que d'autres peut-être, notre Eglise doit témoigner sa reconnaissance envers Dieu dans cette occasion solennelle ; car elle se souvient que parmi les députés assemblés à Versailles se trouvait un pasteur de Nimes, Rabaut-Saint-Etienne, qui, depuis 24 ans, associé au ministère évangélique de son vénéré père, Paul Rabaut, était, par ses prédications et ses écrits, une des illustrations de notre ville et du protestantisme français. Son nom sortit le premier de l'urne électorale, et il ne tarda pas à briller au premier rang parmi les orateurs de l'Assemblée nationale. Trois mois plus tard, le 23 août, ce fut lui, vous le savez, qui, dans un discours puissant de raison et d'éloquence où il parlait comme représentant d'un million de proscrits, enleva, aux applaudissements de tous, le vote célèbre qui proclamait, non plus la tolérance, mais la liberté des opinions religieuses et leur libre manifestation.

» Nous ne pouvons oublier sans doute qu'il fut plus tard, avec bien d'autres sincères patriotes, victimes des fureurs criminelles qui déshonoraient la Révolution et que l'histoire a justement flétries. Mais c'est la liberté que nous acclamons et non la licence ; et comme il n'y a pour nous aucune solidarité entre celle-ci et celle-là, comme la licence et le crime, loin d'être la conséquence logique de la liberté, en sont au contraire la négation, nous avons bien le droit de bénir Dieu de nous avoir donné un 89, car à cette époque glorieuse ont été proclamés, pour notre patrie d'abord, et bientôt, à notre exemple, pour toute les nations de l'Europe, les grands principes qui sont représentés par les mots : *Liberté, Egalité, Fraternité*, et qui n'étaient pas nouveaux pour nous, puisque nous les avions depuis longtemps appris de l'Evangile de Christ.

Mes frères, ajoutons à la Déclaration des *droits* de l'homme et du citoyen, l'enseignement des *devoirs* de tous et de chacun que cet Evangile nous impose. Que notre patriotisme se montre par le déploiement de toutes les vertus civiques. Ce sera le commentaire le mieux compris de la foule et le meilleur, de cette parole du Maître : *Que votre lumière brille devant les hommes, afin qu'ils voient vos bonnes œuvres, et qu'ils glorifient votre Père qui est dans les cieux.*

LE CENTENAIRE DE 1789

LIBERTÉ, EGALITÉ, FRATERNITÉ

DISCOURS

PRONONCÉ PAR M. LE PASTEUR BABUT

Le 5 Mai 1889

Matth. XXIII, 8-12. — *Pour vous, ne vous faites pas appeler Maîtres; car un seul est votre Maître, et vous êtes tous frères. Et n'appelez personne sur la terre votre Père; car un seul est votre Père, celui qui est dans les cieux. Ne vous faites pas appeler Directeurs; car un seul est votre Directeur, le*

Christ. Le plus grand parmi vous sera votre ser-
viteur. Quiconque s'élèvera sera abaissé, et quicon-
que s'abaissera sera élevé.

MES FRÈRES,

La communication que nous venons de vous
faire au nom du Conseil presbytéral aura causé à
beaucoup d'entre vous quelque surprise, mêlée
peut-être chez quelques-uns d'une nuance de
blâme : car, disent-ils, on vient nous faire de la
politique en chaire. J'espère qu'une réflexion
plus attentive corrigera cette impression. Non,
nous n'avons pas fait et nous ne ferons pas de
politique. Nous nous sommes gardés de toute allu-
sion, même la plus indirecte, aux passions et aux
évènements du jour ; nous n'avons exprimé même
aucune préférence pour une forme de gouverne-
ment plutôt que pour une autre. Nous n'avons rap-

pelé et invoqué que ces principes libéraux, con-
stitutifs de notre société moderne, que personne
ne renie, au moins parmi nous ; nous n'avons béni
la Révolution de 1789 que pour autant qu'elle a
promulgué ces principes et qu'elle a tenté de les
faire passer dans les faits. Ce sont les adversaires
de la religion qui voudraient la cantonner dans
ses dogmes et dans ses temples, la condamner à
languir et à végé'er dans l'isolement, lui interdire
toute relation et toute sympathie avec la vie nationale. Hommes, rien d'humain ne nous est étran-
ger, et nous constatons que le trait distinctif de
la Révolution de 1789 est justement son caractère
large et humain ; elle a pris pour base la déclaration des droits de l'homme (plût à Dieu qu'elle
eût mieux compris que les droits reposent sur les
devoirs, et les devoirs sur le Dieu vivant !) Français, nous honorons les souvenirs de 1789 comme
appartenant aux gloires les plus pures de notre
pays, qui semble avoir reçu pour mission d'être
parmi les nations le témoin, le champion, le mar-
tyr peut-être des principes proclamés à cette date
mémorable. Chrétiens, nous affirmons avec énergie
que ces principes, dans tout ce qu'ils ont de vrai,
sont un emprunt fait à l'Evangile, et que la Révolution française fut un essai généreux, non pas
toujours heureux, hélas ! pour réaliser dans les
relations civiles et politiques quelque chose du

royaume de Dieu. Protestants enfin, comment pourrions-nous oublier que l'Assemblée nationale de 1789 a, la première dans notre pays, proclamé la liberté religieuse et accordé une place au foyer national à ceux qui avaient été pendant deux siècles et demi les proscrits et les parias de la France ?

C'est dans cet esprit et dans ces limites que nous vous convions à vous associer à la fête de ce jour, la célébration du Centenaire de 1789. Et puisque les idées que cette date représente ont été comme incarnées, ainsi que le rappelle la lettre du Conseil presbytéral qui vous a été lue, dans la célèbre formule : *Liberté, Égalité, Fraternité*, il nous a paru intéressant de rechercher, d'après les paroles même du Christ, comment notre Seigneur entend la liberté, l'égalité et la fraternité et sur quel fondement il les établit. Nous n'aurons pas de peine à vous convaincre que toute tentative de les asseoir sur d'autres bases est condamnée à un insuccès plus ou moins complet et plus ou moins prompt. Et de tout cela nos devoirs actuels, à nous, protestants français, ressortiront avec clarté. Que Dieu nous soit en aide !

I

Jésus-Christ, dans notre texte, parle à ses disciples : « *Pour vous*, ne vous faites pas appeler Maîtres, » etc. Il énonce des lois du royaume de Dieu. Ces lois sont à bien des égards le contrepied de ce qui existait dans la société juive, à plus forte raison dans la société païenne. Jésus n'a pas non plus directement en vue ce que nous appelons aujourd'hui la société chrétienne, je veux dire une société composée en grande majorité de baptisés inconvertis et placés seulement d'une manière générale et vague sous l'influence de l'Evangile. Dans la mesure où une telle société est incomplètement chrétienne, l'application des préceptes sociaux du Maître y sera nécessairement incomplète aussi. Mais concevez une société formée de vrais disciples de Jésus, telle que fut un moment l'Eglise primitive de Jérusalem. Appliqués à cette société-là, les principes posés par le Maître n'auront plus rien qui vous étonne; ils ne vous paraîtront plus chimériques, mais nécessaires.

Or, ces principes sont bien ceux que résume la formule: Liberté, Egalité, Fraternité.

Commençons par la Liberté.

« N'appelez personne sur la terre votre Père; car un seul est votre Père, Celui qui est dans les cieux. Ne vous faites pas appeler Maîtres ou Directeurs; car un seul est votre Maître et votre Directeur, le Christ.» Cela signifie que les disciples de Jésus doivent veiller avec un soin jaloux à rester indépendants des hommes, en vue et en raison de leur complète dépendance à l'égard de Dieu et de son Christ.

Cette dépendance n'est-elle pas la négation même de la liberté? Non. Dieu a fait l'homme libre; il lui a donné le merveilleux et redoutable pouvoir de se déterminer lui-même, de choisir sa voie. Dieu respecte cette liberté qui est son ouvrage; il ne contraint pas l'homme à faire le bien, qui d'ailleurs ne serait pas le bien s'il était fait par contrainte. Mais il le lui commande; l'affaire de l'homme, c'est d'obéir volontairement. Car l'homme n'est libre qu'en vue de l'obéissance ; il ne s'appartient que pour se donner. Servir Dieu, ce n'est pas renier sa liberté, c'est l'exercer et la sauver. Car Dieu est notre Père ; il nous a faits à son image ; il nous a rendus en quelque manière participants de son essence ; en sorte que nous conformer à sa pensée et à sa volonté, c'est réa-liser le vœu le plus intime, la loi la plus haute de notre nature. Et j'ajoute : Étant notre Père, Dieu nous aime ; en sorte que marcher dans la voie qu'il nous trace, c'est certainement tendre à notre véritable bien.

Considérons maintenant le chrétien ou l'homme normal dans sa relation avec ses semblables. Evidemment toute vie sociale implique que chaque membre de la société renonce à une partie de son indépendance. Mais il faut avant tout que cette dépendance partielle à l'égard des hommes ne porte aucune atteinte à notre dépendance première et totale à l'égard de Dieu. Le respect du droit de chacun, droit fondé sur sa relation avec Dieu, est ce qu'on nomme la justice.

La justice sera donc la base de la société que nous avons en vue. Elle assurera la liberté de tous. Chacun sera libre, pour autant qu'il ne portera pas atteinte à la liberté d'autrui, de former et d'expri-mer ses convictions, de manifester et d'exercer sa volonté, de se développer enfin dans toutes les directions conformément au vœu et au besoin de sa nature. Pas d'ambition ni d'usurpation, personne ne se fera appeler Directeur ou Maître ; pas de servilité ni d'abdication de conscience, personne ne donnera à son semblable le nom de Père.

Mais la justice n'exprime que le côté négatif de la relation mutuelle des membres de la société. Son côté positif, c'est l'amour. Non content de ne pas gêner le développement de ses semblables, chacun travaillera de son mieux à le seconder. Tous n'ont pas les mêmes fonctions ; ceux qui ont reçu le plus de capacité disposent aussi d'une part plus grande d'autorité et d'influence ; mais ils l'emploient toute entière au bien des autres ; le plus grand est le serviteur de tous. Par la foi et la conscience, chacun est libre ; par l'amour, chacun se fait esclave de ses frères. Liberté et fraternité, — nous anticipons malgré nous.

Pourquoi sommes-nous si loin de cet idéal ? — A cause du péché. L'indépendance absolue ne saurait appartenir à l'homme. En se révoltant contre la légitime autorité de Dieu, il est tombé sous l'empire des sens et de la matière. La poursuite des biens temporels est devenue sa grande affaire ici-bas. Dès lors tout est renversé. A la place de la justice, l'exploitation de l'homme par l'homme devient le fait général. A la place de l'amour, le combat pour l'existence et pour le bien-être, qui est la loi du règne animal, devient celle des sociétés humaines. Ce combat est partout, dans la cité entre les individus, dans l'Etat entre les classes, dans le monde entre les peuples. Le despotisme n'est guère tempéré que par l'anarchie ; à la longue tyrannie des grands succèdent les représailles sanglantes des petits. On fait des lois pour remédier à ces désordres ; mais en atténuant quelques injustices, elles en consacrent d'autres. Oppression, inégalité, discorde, voilà la société née de la chute ; voilà celle que Jésus-Christ a trouvée.

Jésus-Christ est venu sauver la société en sauvant les individus et réconcilier les hommes les uns avec les autres en les réconciliant avec Dieu. Par la manifestation de l'amour et du pardon de Dieu, il ramène l'homme à cette dépendance vis-à-vis de son Créateur qui est le vœu de sa nature, la loi de sa conscience, la garantie de sa liberté ; il le rend capable de justice et d'amour. Il prononce le mot magique de royaume de Dieu, et dans son Eglise, image imparfaite mais bénie de ce royaume, il offre un asile à tous les opprimés et à tous les déshérités d'ici-bas. En même temps il fait pénétrer dans les cœurs l'esprit de justice et d'amour, principe de tous les progrès et de toutes les réformes sociales. Sa parole est le levain qui tôt ou tard fera lever toute la pâte. Partout où il y a un peu de foi chrétienne, il y a aspiration vers un état social meilleur et effort pour s'en approcher. Sous l'influence de l'esprit chrétien, bien des servitudes tombent l'une après l'autre : celle de la femme, celle de l'enfant, celle de l'esclave, celle du serf, celle du Juif. Les hommes de 1789 étaient à bien des égards des organes inconscients de cet esprit. Pourquoi leur succès n'a-t-il pas été plus complet et plus durable ? Des écrivains qui n'étaient pas personnellement chrétiens l'ont constaté, l'ont déclaré hautement : parce que la base religieuse manquait à leur œuvre. L'édifice qu'ils ont bâti avec tant de hâte et d'enthousiasme, n'étant pas fondé sur le rocher des siècles, s'est écroulé au souffle de la tempête, ensevelissant ses constructeurs sous ses ruines. Leçon solennelle, et pourtant, hélas ! bien oubliée. C'est une république sans Dieu que préconisent aujourd'hui la plupart de nos agitateurs politiques et sociaux. Or, sans Dieu, il n'y a point de liberté : point de liberté dans l'homme, car si la liberté n'est pas dans l'ouvrier, elle n'est pas dans l'ouvrage ; si elle n'est pas dans le ciel, elle n'est pas sur la térre ; et si la liberté n'est pas dans l'homme, il est ridicule de vouloir la mettre dans les institutions. Que dis-je, ridicule ? cela est insensé et périlleux au premier chef, car on doit tout craindre de ces multitudes souffrantes et furieuses que ne retiendra plus aucun frein religieux ni moral et à qui la démocratie moderne aura remis tout pouvoir entre les mains. « Si le Christ vous affranchit, vous serez véritablement libres, » a dit

Jésus-Christ ; cette parole est vraie pour les peuples comme pour les individus, et un célèbre écrivain, M. de Tocqueville, l'a traduite ainsi : « Si un peuple ne croit pas, il faut qu'il serve. »

II

Les mêmes paroles du Christ, où nous avons trouvé la proclamation de la liberté, contiennent aussi celle de l'*égalité*. Si personne ne doit être appelé, au sens spirituel, du nom de Père, si personne n'a le droit de s'ériger en Maître et en Directeur de ses semblables, c'est que tous sont égaux. Le Seigneur va même jusqu'à dire : « Celui qui s'élève sera abaissé et celui qui s'abaisse sera élevé, » comme s'il se proposait de ramener tous les hommes au même niveau.

Nul pourtant ne s'avisera de prêter à Jésus-Christ les idées des niveleurs de 1793. Chacun sent qu'il ne veut pas d'une égalité qui ferait violence à la nature, à la liberté, à l'ordre divin. En effet, il peut y avoir égalité complète entre deux morceaux de matière brute : mais partout où il y a vie, l'inégalité se manifeste. Deux blocs de pierre ou de bois peuvent se ressembler à peu près parfaitement, mais non pas deux feuilles du même arbre. A plus forte raison la liberté produit-elle toujours l'inégalité. Prétendrez-vous décréter, par exemple, l'égalité d'instruction entre l'écolier assidu au travail et son condisciple paresseux, ou l'égalité de salaire entre l'ouvrier habile et l'ouvrier incapable, ou l'égalité d'honneur entre l'homme dont la vie est un exemple et celui dont la vie est un scandale ? C'est pourquoi l'acquisition des biens matériels résultant en grande partie de l'intelligence, du talent, de l'activité, choses essentiellement inégales, l'égalité des fortunes est une chimère. Si une tyrannie sans exemple dans l'histoire parvenait à l'établir un jour, elle ne pourrait pas la faire durer jusqu'au lendemain.

Où donc est l'égalité dont nous parle l'Evangile ? Notre texte répond : Elle existe entre les personnes humaines comme telles ; elle résulte de leur relation avec Dieu et avec Jésus-Christ,

D'abord avec Dieu, comme Créateur. Car Dieu a fait l'homme, tout homme à son image ; toute âme a reçu de lui les mêmes facultés essentielles, le pouvoir de connaître, de vouloir, d'aimer ; elle a plus de valeur qu'un monde ; elle est faite pour l'immortalité. Que sont auprès de cette unité foncière les différences de couleur, d'intelligence, de fortune, de condition sociale, etc. ?

A cette égalité de nature il en faut ajouter une autre aussi affligeante que la première est glorieuse ; égalité que notre texte ne mentionne pas, mais qu'ailleurs saint Paul définit en ces termes : « Il n'y a point de distinction, parce que tous ont péché et sont privés de la gloire de Dieu. » Sans doute il y a des degrés infinis dans la responsabilité, mais au fond la situation de tous les pécheurs, comme tels, est la même : tous trouvés légers dans la balance de la justice divine, tous coupables, tous dignes de mort.

Heureusement, après l'égalité devant la loi, l'Evangile affirme l'égalité devant la grâce. Nous avons, non-seulement un seul Maître, mais un seul Rédempteur, Jésus-Christ. Il s'est donné lui-même en rançon pour tous. Il est la propitiation pour le monde entier. Dieu a enfermé tous les hommes sous la rébellion pour faire miséricorde à tous. Il est vrai, malheureusement, que tous n'acceptent pas ce message de miséricorde, et voilà le fondement d'une nouvelle et plus durable inégalité. Mais ici-bas rien n'est irrévocable ; tous sont aimés, tous sont appelés de Dieu ; l'incroyant d'hier peut aujourd'hui venir à la repentance ; tous, par conséquent, peuvent être considérés comme égaux, en principe, non-seulement devant la loi qui les condamne, mais devant la grâce qui les absout.

De cette égalité essentielle des hommes devant Dieu découlent d'admirables conséquences sociales. Puisque tous les hommes sont égaux au point de vue de la création, chacun a un droit égal d'exercer sa liberté. L'esclavage est une impiété : aucun homme ne peut appartenir à un autre, car tous appartiennent à Dieu ; la loi de Moïse disait cela de l'Israélite, l'Evangile le dit de tout homme. Puisque tous sont égaux au point de vue de la rédemption, tous ont droit au salut ; tout système, toute institution qui rend, soit la persévérance dans le bien, soit le retour au bien impossible à une créature humaine quelconque, est injuste et odieux, et tout chrétien doit le combattre de toutes ses forces.

Je l'ai reconnu : il restera toujours assez et trop d'inégalités inévitables. A cet égard notre tâche chrétienne est, d'une part de les diminuer et de les restreindre autant que possible, d'autre part de les rendre plus acceptables aux membres les moins favorisés de la société humaine en les faisant servir à leur bien. Dans le corps humain, le pied ne se plaint pas d'occuper une situation moins haute que les yeux, parce que ceux-ci le font profiter de leur avantage en dirigeant ses pas. Ainsi le pauvre raisonnable ne sera pas jaloux du riche, si celui-ci se considère comme un ministre de Dieu pour le bien de celui-là, s'il voit dans la fortune qui lui est confiée comme un talent qu'il est appelé à faire valoir pour le plus grand profit de la société humaine et particulièrement pour le soulagement de ceux qui souffrent.

Otez la foi au Dieu vivant et à son Christ, et cette belle et généreuse doctrine de l'égalité disparaît avec celle de la liberté. Pour qui ne croit qu'à ce qu'il voit et à ce qu'il touche, les différences qui existent entre les hommes sont plus frappantes que les ressemblances. Le blanc se croit le droit de mépriser le nègre ; le membre de l'Institut ne voit pas de raisons pour qu'un Papou soit immortel ; le prince de la banque ou de l'industrie semble croire que les gens des classes inférieures sont pétris d'un autre limon que lui. Chez ceux-ci d'autre part naît et s'accroît la soif d'une égalité imposée par la violence, ou même d'une inégalité renversée à leur profit. Car, se dit chacun d'eux, s'il n'y a de réel et de positif que les biens terrestres, il est temps que j'aie mon tour et ma part ;

assez longtemps je me suis laissé bercer et berner avec un billet à ordre sur l'éternité, payable par le grand Inconnu!... Croyez-moi, mes frères : la meilleure sauvegarde contre ces excès d'en haut et d'en bas, la meilleure garantie de la véritable égalité est encore cet Evangile pour qui « il n'y a plus Juif et Grec, circoncis et incirconcis, barbare et Scythe, esclave et libre, parce que Christ est tout en tous. »

III

Fraternité enfin! Beau mot, moins sujet aux malentendus que les précédents. Et vérité dont l'origine biblique et chrétienne est plus certaine et plus évidente que ne l'est celle de l'idée de liberté ou de l'idée d'égalité. Certes, l'antiquité païenne nous a légué de belles maximes ; mais je ne me rappelle pas, — qu'on m'excuse et qu'on me redresse si je me trompe, — qu'elle ait jamais parlé de la fraternité humaine. La Bible au contraire la proclame dès ses premières pages. A propos de ce qu'on pourrait appeler la Constitution nouvelle donnée à l'humanité après le déluge, Dieu dit : « Je redemanderai le sang et l'âme de l'homme à l'homme, à l'homme qui est son frère ». Il est vrai que pendant quelques siècles, le sentiment de la fraternité semble se resserrer dans les limites du peuple juif. Mais Jésus dit dans notre texte : « Vous êtes tous frères ». Il montre dans la parabole du bon Samaritain que la vraie fraternité brise le cadre étroit de la nationalité et se rit des préjugés et des haines qui divisent les peuples. Il fait de l'amour fraternel la marque distinctive du chrétien.

Quant à la manière dont la Bible établit la fraternité humaine, elle est des plus simples. Des frères, ce sont des enfants d'un même père. La fraternité universelle des hommes découle de l'universelle paternité de Dieu ; la fraternité spéciale des chrétiens repose sur le lien nouveau qui les unit en qualité d'enfants de Dieu au Père qui les a régénérés par sa grâce et sa parole. Nous sommes frères parce que nous avons un même Père dans le ciel, et aussi un même frère aîné,

Jésus-Christ, qui nous a tous rachetés par son sang.

> Que jamais de tes fils le cœur ne se resserre :
> Tu veux que chacun d'eux voie en chacun un frère,
> Et procure son bien.
> Tous nés d'un même sang, tous de race divine,
> Fais-leur à tous sentir que leur double origine
> Est un donble lien.

Supprimez ces vérités : ôtez la paternité divine et la rédemption par Jésus-Christ, que devient la fraternité humaine ? Sur quel fondement l'établirez-vous ? Sur un sentiment de sympathie naturelle ? Mais il y a bien des hommes qui nous sont plutot antipathiques que sympathiques. Sur la communauté d'intérêts ? Mais si l'intérêt unit quelquefois les hommes, souvent aussi il les divise, et il peut diviser demain ceux qu'il unit aujourd'hui. L'égoïsme est le principe dissolvant de la fraternité comme l'ambition est celui de la liberté et l'orgueil celui de l'égalité. Or, dans la proportion où la foi s'affaiblit, l'ambition, l'orgueil et l'égoïsme prennent plus d'empire. C'est pour cela peut-être qu'au temps où nous sommes, temps où l'idée de fraternité ne rencontre guère d'objection théorique, mais où la foi religieuse est ébranlée dans tant de cœurs, on prépare de tous côtés une guerre qui promet d'être la plus horrible et la plus sanglante que le monde ait jamais vue, et on la déclare couramment inévitable ; tandis que l'antagonisme des classes semble nous menacer d'un grand cataclysme social où tout s'effondrera, à moins qu'un réveil de la foi chrétienne ne vienne infuser dans ce corps déjà usé de la société moderne un peu de cette sève vivifiante.qui s'appelle l'amour.

La nécessité de ce réveil de la foi est la conclusion à laquelle tout nous ramène aujourd'hui.Nous le comprenons maintenant : la liberté, l'égalité et la fraternité ne peuvent régner d'une manière durable dans les institutions que si elles règnent d'abord dans les âmes, triomphant de leurs éternels ennemis, l'ambition, l'orgueil et l'égoïsme. Or, la réflexion prouve et l'expérience atteste que, s'il est toujours facile d'inscrire cette triple formule sur les murailles, l'Evangile a seul le pouvoir de la graver dans les cœurs. Qu'il vienne donc et qu'il se hâte, ce réveil de la foi évangélique, si impérieusement réclamé par les périls de l'heure présente, et qu'il commence par nous ! Eprouvons-nous nous-mêmes. Nous connaissons la vérité : la pratiquons-nous ? Sommes-nous de ces disciples de Jésus-Christ à qui seuls les préceptes de notre texte sont pleinement applicables? Sommes-nous entrés par la nouvelle naissance dans ce royaume de Dieu établi sur des principes opposés à tant d'égards à ceux qui régissent les royaumes de la terre? Avons-nous appris à donner à Dieu le nom de Père, non pas des lèvres seulement, mais du cœur, avec une simplicité, une confiance, une joie filiales? Avons-nous reçu Jésus-Christ comme notre seul Maître, un Maître qui a vraiment le droit de nous gouverner et de nous posséder, puisqu'il nous a acquis au prix de son sang? Etant devenus les affranchis de Dieu et de son Christ, sommes-nous libres de la vraie liberté, libres à l'égard des convoitises qui nous tenaient asservis durant le temps de notre ignorance? Avons-nous senti et confessé notre égalité avec les derniers des pécheurs, comme nous le disions tout-à-l'heure, devant la loi qui nous condamne et devant la grâce qui nous absout? Objets d'un si grand amour, avons-nous appris à aimer nos frères en effet et en vérité, et sommes-nous prêts à donner pour eux notre vie? — Ah! mes frères, il est temps que ces grandes choses deviennent pour nous et en nous de saintes réalités. Le sentiment de la mission que Dieu nous a confiée vis-à-vis de notre patrie, et que nous avons si imparfaitement remplie, devrait tout ensemble nous humilier jusque dans la poussière et nous enflammer d'une généreuse espérance, d'une ambition sans bornes. Seuls, nous pouvons apporter à la France cet Evangile qui est le salut des nations comme des individus. L'Eglise catholique, malgré les précieux éléments chrétiens qu'elle renferme, ne peut pas être parmi les peuples l'apôtre de la liberté, de l'égalité et de la fraternité. Elle a renié, quant à la lettre et quant à l'esprit, les principes formulés dans notre texte; elle donne le nom de saint Père à un homme pécheur; elle asservit à l'autorité du prêtre la conscience des fidèles. La libre pensée, chez ses meilleurs représentants, voudrait conserver le fruit du christianisme, qui est la charité, en ôtant la racine, qui est la foi. Le matérialisme et l'athéisme, si répandus aujourd'hui, tarissent les sources de la liberté, de l'égalité et de la fraternité; ils préparent le déchaînement des passions anti-sociales; ils perdent les nations comme les âmes. Que ne pourrait pas, dans ce désarroi général des esprits, une poignée de chrétiens évangéliques, confessant la vraie parole du Christ par leur vie comme par leurs discours, et animés de son véritable esprit? Quelle magnifique revanche, d'une persécution plus que deux fois séculaire, que d'apporter à notre pauvre France le seul objet qui puisse satisfaire ses aspirations, le seul remède qui puisse la guérir du mal qui la tourmente, la seule puissance qui puisse briser ses liens? O Dieu! pénètre-nous enfin nous-mêmes de ce glorieux Evangile, dont nous avons été jusqu'à ce jour des dépositaires si peu intelligents et si peu fidèles! Fais de nous des enfants dociles du Père céleste, des disciples soumis de Jésus-Christ, afin que nous soyons libres à l'égard des hommes, libres pour les servir, pour les aimer et pour les sauver!

AMEN

Nîmes, imp. Roger et Laporte, place Questel, 5. — 5-89

www.ingramcontent.com/pod-product-compliance
Lightning Source LLC
Chambersburg PA
CBHW051344060726

47596CB00004B/1758